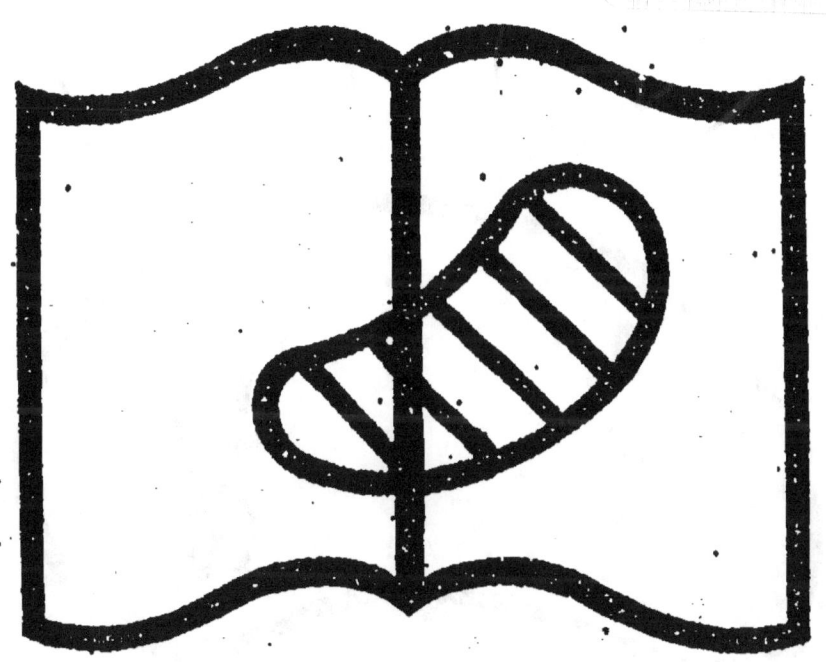

Illisibilité partielle

VALABLE POUR TOUT OU PARTIE DU
D CUMENT REPRODUIT

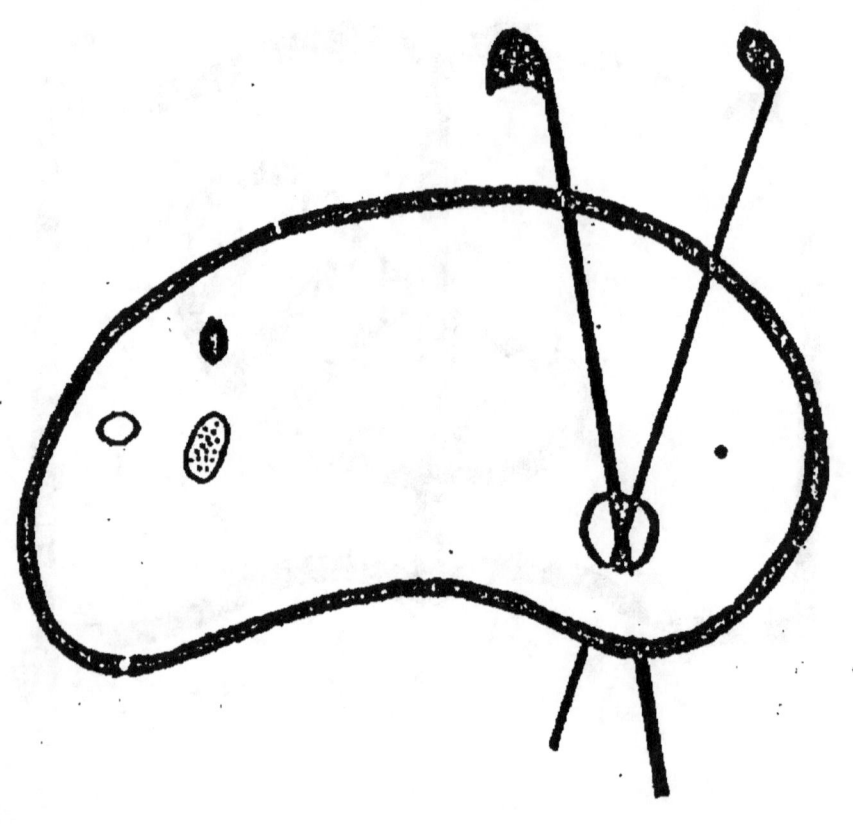

COUVERTURE SUPERIEURE ET INFERIEURE
EN COULEUR

LE
PETIT GUIDE
OFFICIEL
DE
L'ÉTRANGER
A
BOULOGNE
SUR MER.

Ch. P. D.

SAISON 1865.

...ation des Petits Guides
...VALENCE
(Drôme).

LINIMENT
BOYER-MICHEL

POUR LES CHEVAUX,

Remplaçant le **feu** sans laisser de trace de son emploi,

CHEZ **MICHEL**, PHARMACIEN

à AIX (Provence).

L'ÉLIXIR ANTI-RHUMATISMAL

De feu SARRAZIN, pharmacien,

Est également préparé par M. **MICHEL**.

(Voir pages 47 et 48.)

LA MAISON MENIER

a trouvé dans le rapport sur l'exposition internationale de Londres (1862) une nouvelle récompense de ses efforts à propager la consommation du Chocolat. Après avoir rappelé que les produits de M. MENIER sont au nombre de *ceux que le jury a particulièrement remarqués*, le rapporteur ajoute :

« *Les produits de M. Menier sortent de sa belle usine de Noisiel, où il dispose d'un outillage et d'une série d'appareils qui permettent d'opérer sur des quantités de matières premières assez considérables pour obtenir annuellement 1,800,000 kilos de Chocolat. M. Menier, par l'extension qu'il a donnée à sa fabrication, par l'activité commerciale qu'il a déployée, a puissamment contribué à répandre l'usage du Chocolat.* »

Une médaille lui a été décernée pour « *excellence of quality.* »

Le **Chocolat Menier** se vend partout. **Pour ne pas être trompé par les contrefaçons**, exiger les marques de fabrique et la *signature* **Menier.**

LE PETIT GUIDE

Officiel

DE

L'ÉTRANGER

À

BOULOGNE
SUR MER.

Ch. P. D.

Ce PETIT GUIDE est distribué GRATIS dans l'établissement municipal des Bains et au Secrétariat du COMITÉ de publicité de la ville de Boulogne, 43, Grande-Rue, chez M. S. Petit.

ADMINISTRATION DES PETITS GUIDES

A VALENCE

(Drôme).

Grenoble, impr. de J. BARATIER. 12-6-65.

Chacun aura bientôt chez soi
L'ÉLIXIR VÉGÉTAL-SUISSE

Qui obtient un immense succès. **Délicieux au goût**, il est sans égal dans les maux d'estomac, indigestions, mal de mer, syncopes, extinction de voix, épilepsie, paralysie, rhumatismes, coups, blessures, démangeaisons, etc.

« M. Chauten a eu soin de ne pré-
» parer qu'un élixir **purement vé-
» gétal**... Les sucs des plantes sont
» concentrés sous un petit volume, et,
» on a sous la main un stimulant des
» plus avantageux... Un des mérites
» de cet élixir, c'est qu'à l'état de san-
» té on peut s'en servir comme d'un
» digestif simple, comme d'un apéritif
» ordinaire, etc. » *(Extrait du rapport de MM. H. Favre et Em. Broussais, médecins de la Faculté de Paris.)*

PRIX DU FLACON : **2 FRANCS avec brochure**, chez les pharmaciens, épiciers, etc.

Cessionnaire général pour la France : **M. Bernier jeune, Lyon**, quai de Bondy, 1; **Paris**, rue Montmartre, 162; **Marseille**, rue Coutellerie, 10. *Grande médaille d'or, Londres 1862; médaille d'argent de 1re classe, Paris, 1860.*

BOULOGNE-SUR-MER.

CHEMIN DE FER DU NORD.

A 4 h. 35 m. de Paris par train express;
A 5 h. 40 m. de Paris par train semi-direct;
A 7 h. 25 m. de Paris par train omnibus.

8 trains par jours : 3 express, 2 semi-directs et 3 omnibus.

PRIX : 1re classe, 28 fr. 45 cent.; 2e classe, 21 fr. 35 cent.; 3e classe, 15 fr. 65 cent.

Billets aller et retour et abonnements à prix réduits (voir page 56).

Boulogne (*Bononia et Gessoriacum*), située sur le littoral de la Manche, est la ville la plus importante du Pas-de-Calais ; elle compte plus de 36,000 habitants.

Son port est un des plus animés de la Manche ; il s'y fait annuellement un mouvement de plus de 130,000 passagers, allant ou venant d'Angle-

---

Propriété: Les formalités légales ont été remplies.

terre. Son commerce de transit est très-important, ainsi que les armements qui s'y font pour la pêche du hareng et de la morue. Déjà, lors de l'occupation romaine, ce port était considéré comme l'un des plus sûrs de la Gaule.

L'origine de Boulogne remonte à 50 ans avant Jésus-Christ.

Les empereurs Claude et Adrien s'y embarquèrent pour passer en Grande-Bretagne; Constantin lui fit deux visites et Charlemagne la fit fortifier. En 530, elle fut saccagée par les Normands.

Au IXe siècle, Boulogne était la capitale du Boulonais et gouvernée par des comtes héréditaires; mais en 1430, Philippe duc de Bourgogne s'en empara; puis Louis XI l'ayant repris, fit hommage de ce comté à la Sainte Vierge, dont une statue miraculeuse était consacrée dans l'église Notre-Dame-de-Boulogne (voir page 28); il se reconnut son vassal, et tous les rois de France jusqu'à Louis XV prêtèrent, par eux-mêmes ou par procuration, serment d'humble fidélité à la Mère du Christ.

En 1550, Boulogne fut rendue à la France. En 1801, Bonaparte, voulant tenter une expédition en Angleterre, y fit commencer de grands armements, que la paix d'Amiens fit suspendre, mais qui, après sa rupture, furent repris avec une nouvelle ardeur.

Trois fois l'empereur Napoléon Ier vint au camp de Boulogne.

Le 15 août 1804, il y fit la seconde distribution des croix de la Légion d'honneur. Mais, en 1805, le camp fut levé, car la coalition de l'Autriche et de la Russie contre la France, la défaite de Trafalgar l'obligèrent à diriger son armée contre l'Allemagne. Une colonne monumentale, nommée colonne de la Grande-Armée, fut élevée sur le plateau d'une colline, à peu de distance de la ville, pour perpétuer le souvenir de ce projet d'invasion.

Boulogne se divise en ville haute et en ville basse. **La ville haute** (la *Bononia des Romains*) est bâtie dans une situation très-pittoresque, entourée de remparts, de belles et larges promenades ombragées et possède plusieurs monuments historiques (voir page 26).

La ville basse *(Gessoriacum)* comprend le port, que protégent deux longues jetées, le splendide établissement des bains et enfin toute cette partie élégante de la ville aux maisons propres et coquettes, aux rues larges, bordées de beaux trottoirs en marbre, aux quais magnifiques formant de belles promenades et où se trouvent les plus beaux hôtels, les appartements meublés, des pensions bourgeoises bien tenues, les plus riches et les plus élégants magasins anglais et français, et où on trouve enfin *toutes les facilités de la vie matérielle à des prix qui conviennent à toutes les fortunes.*

La plage de Boulogne est, sans contredit, l'une des plus belles de tout le littoral. Elle est couverte d'un sable solide et fin, sans un seul galet, et forme un plan à peine incliné, sur lequel les vagues s'étendent doucement à l'heure de la marée montante, en recueillant le calorique qui s'y développe et les principes salins qui s'y accumulent. Avec ses voitures-baignoires, si commodes pour se déshabiller sans jamais être incommodé du froid ni du soleil, et qui conduisent le baigneur jusqu'au milieu du flot, avec ses maîtres nageurs si habiles, avec son grand confortable balnéaire. *Boulogne est la ville de bains par excellence.*

L'Etablissement des bains, magnifique édifice brillamment inauguré au commencement de la saison de 1863, répond, par son installation actuelle, à l'antique réputation de Boulogne. La ville, dont il est la propriété, l'a doté de toutes les ressources qui doivent en rendre le séjour agréable, et surtout de toutes les améliorations balnéaires si recherchées aujourd'hui par les familles qui demandent à l'eau de mer son action efficace. L'Etablissement possède deux belles *galeries de bains chauds*, avec douches, et une **salle d'hydrothérapie** bien appareillée. En outre, et cette amélioration signale Boulogne d'une manière toute spéciale, deux immenses **bassins de natation**, alimentés par l'eau de mer courante et construits en avant de l'Etablissement, permettent le bain à toute heure du jour, obvient aux interruptions, souvent préjudiciables, que le mauvais temps, ou l'état de la mer, ou l'heure inopportune des marées peut apporter dans la suite régulière du traitement. — Pendant l'hiver l'eau de ces bassins peut être chauffée à chaque marée à l'aide de la vapeur.

L'Etablissement de Boulogne donne, dans le cours de la saison, de **grandes fêtes**, des **concerts**, auxquels sont appelés les artistes en vogue. En même temps, la ville, par ses **courses de chevaux** et ses **régates** annuelles, attire, au plus beau moment de la saison, une foule nombreuse et distinguée.

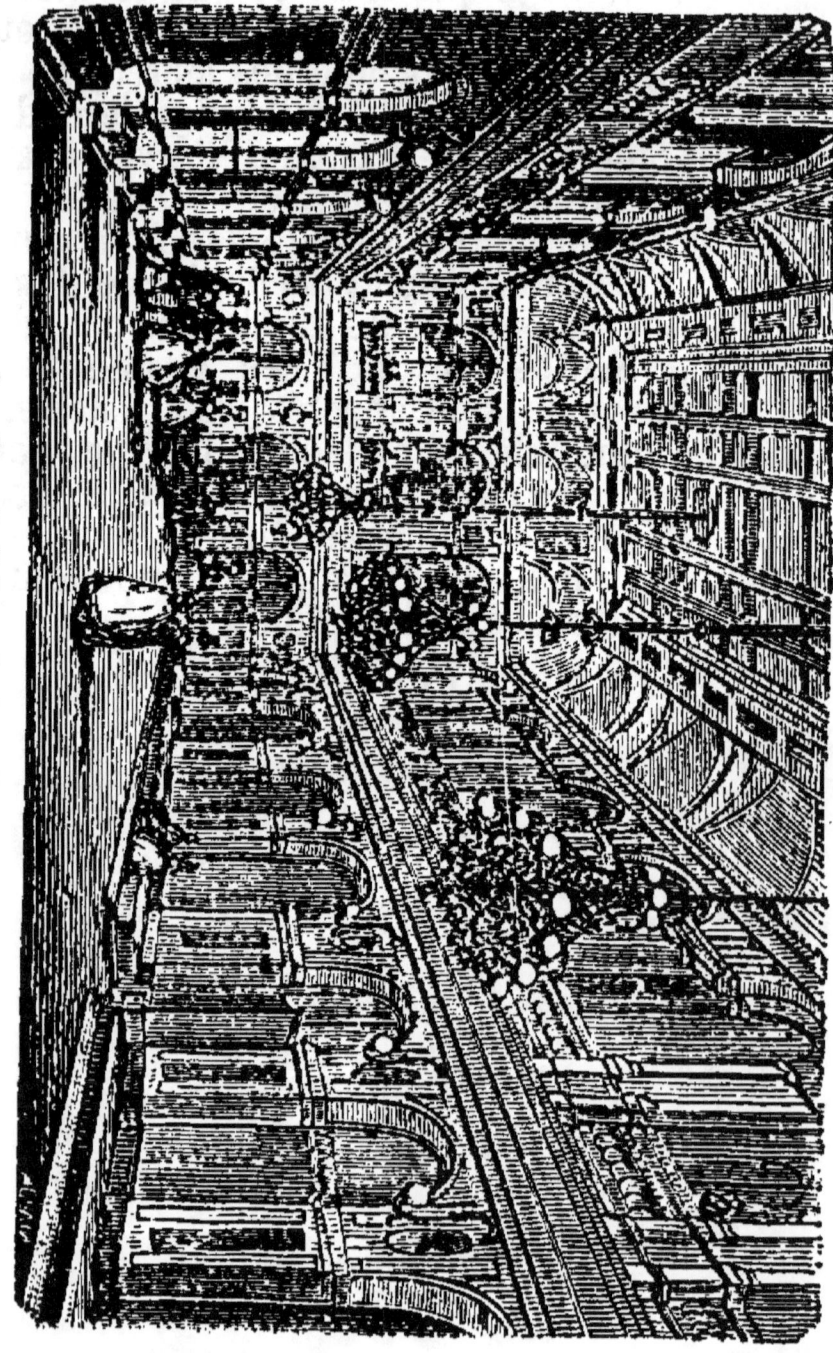
Le Grand Salon de l'Etablissement.

ÉTABLISSEMENT MUNICIPAL
DES
BAINS DE MER

Ouvert toute l'année.

Saison d'été, du 1er mai au 15 octobre.

Saison d'hiver,
du 15 octobre au 1er mai.

Grande salle des fêtes, galerie ayant vue sur la mer, salons pour les dames, salon de lecture, salon de jeux pour les échecs, le trictrac, les dames et le domino ; salon-cercle pour les jeux de cartes, salon de musique, salle de billards, salles pour les toupies hollandaises et les jeux divers ; gymnase, escarpolettes, tirs, etc.

Prix de l'abonnement. — Saison d'été.

	8 jours.	15 jours.	1 mois.	2 mois.	La saison.
Une seule personne	8 f.	14 f.	24 f.	36 f.	50 f.
Une famille de 2 personnes	14	24	40	60	80
Une famille de 3 personnes	20	30	50	70	90
Une famille de 4 personnes	25	40	60	80	100
Une famille de 5 personnes	30	50	70	90	120
Chaque personne en sus	5	8	10	15	20

L'abonnement comprend : l'entrée libre du jardin, de la terrasse, des salons, l'admission aux séances musicales, aux bals, soirées dansantes, dramatiques et amusantes, en un mot, à tous les plaisirs de l'Etablissement.

Les enfants au-dessous de sept ans entrent gratuitement avec leurs parents. De sept à douze ans, ils payent un demi-abonnement.

Le privilége des abonnés peut être suspendu pour les fêtes et concerts extraordinaires, mais seulement quatre fois dans le cours de la saison. Les abonnés obtiennent pour ces circonstances une réduction sur le prix d'entrée.

ENTRÉES SANS ABONNEMENT.

Le matin avant midi, 25 cent.; après midi, 50 cent.

Le soir, jours ordinaires, 1 fr.

Le soir, soirées dansantes et amusantes, spectacles, concerts, 2 fr.

Grands bals et grands concerts, 3 fr.

Ce dernier prix peut être augmenté pour les quatre fêtes extraordinaires réservées.

Les places retenues et numérotées, pour les jours de grand concert ou de séances spéciales, *sont payées 1 fr.* en sus de l'entrée ou de l'abonnement.

Cercle-salon de jeu. Le salon de jeu n'est ouvert qu'aux abonnés, qui doivent s'y faire présenter par deux personnes connues. Une carte d'entrée spéciale est délivrée par la direction de l'Etablissement.

Jeux autorisés : le *whist*, le *boston*, le *reversi*, l'*impériale*, le *piquet*, l'*écarté*, le *bésigue*.

PROGRAMME DES FÊTES
Et des Concerts de l'Etablissement,

Publié tous les matins et donnant l'indication des heures des marées, du service du chemin de fer, du service des paquebots, etc., ainsi que le **Petit Guide de Boulogne**, chez M. S. Petit, 43, Grande-Rue.

Les PETITS GUIDES DE L'ÉTRANGER EN FRANCE sont aussi délivrés **gratis** à l'établissement.

ÉTABLISSEMENT
DES BAINS DE MER.
Bains froids à la plage.
(Bureau au bâtiment annexe.)

VOITURES-BAIGNOIRES CONDUITES PAR DES CHEVAUX.	Pour une PERSONNE.	Pour un ENFANT au-dessous de 7 ans.
Un bain, avec ou sans linge.	» f. 75 c.	» f. 50 c.
Abonnement de 12 bains, avec ou sans linge	8 »	5 »

Bains sans linge dit de cabine ou de rotonde, 25 cent. pour tout baigneur.

BAINS FROIDS
Au bassin de natation.
Bains chauds et douches d'eau de mer dans l'établissement.

(Bureau au bâtiment annexe.)

Les **Tarifs** seront affichés et communiqués au bureau des bains et dans l'Etablissement.

Source minérale naturelle ferrugineuse et buvette dans l'Etablissement.

Des omnibus spéciaux, stationnant en ville, font, le jour et le soir, le service de l'Etablissement.

Prix de la course : De la place Dalton, 15 cent.; du Coin-Menteur, 10 cent. Le soir, 30 cent.

Etablissement des Bains.

HEURES DES HAUTES MERS.

Dates.	Mai. MATIN	Mai. SOIR	Juin. MATIN	Juin. SOIR	Juillet. MATIN	Juillet. SOIR
1	2 51	3 16	4 7	4 34	4 14	4 39
2	3 43	4 11	5 7	5 42	5 10	5 43
3	4 44	5 21	6 19	6 54	6 19	6 50
4	6 4	6 46	7 28	7 57	7 30	8 1
5	7 23	7 56	8 23	8 47	8 29	8 55
6	8 24	8 48	9 9	9 30	9 19	9 41
7	9 10	9 30	9 52	10 13	10 6	10 27
8	9 50	10 10	10 32	10 52	10 49	11 10
9	10 28	10 46	11 11	11 30	11 31	11 51
10	11 2	11 19	11 48	—	—	0 11
11	11 36	11 52	0 7	0 26	0 31	0 52
12	—	0 9	0 46	1 6	1 14	1 34
13	0 25	0 42	1 26	1 47	1 55	2 16
14	1 1	1 18	2 8	2 31	2 39	3 3
15	1 38	1 57	2 54	3 18	3 27	3 52
16	2 17	2 40	3 46	4 14	4 19	4 51
17	3 5	3 31	4 44	5 18	5 26	6 6
18	4 0	4 30	5 56	6 36	6 47	7 28
19	5 8	5 49	7 13	7 48	8 4	8 36
20	6 30	7 8	8 20	8 49	9 7	9 35
21	7 43	8 15	9 17	9 45	10 3	10 29
22	8 42	9 9	10 13	10 39	10 53	11 15
23	9 34	10 1	11 3	11 26	11 36	11 56
24	10 26	10 51	11 49	—	—	0 15
25	11 15	11 38	0 10	0 31	0 33	0 52
26	—	0 1	0 52	1 12	1 10	1 26
27	0 23	0 45	1 32	1 51	1 44	2 0
28	1 7	1 28	2 10	2 29	2 16	2 33
29	1 49	2 11	2 49	3 9	2 51	3 10
30	2 32	2 54	3 29	3 51	3 29	3 49
31	3 18	3 42			4 13	4 38

HEURES DES HAUTES MERS.

Dates.	Août. MATIN	Août. SOIR.	Septembre. MATIN	Septembre. SOIR.	Octobre. MATIN	Octobre. SOIR.
1	5 11	5 49	7 5	7 46	7 49	8 21
2	6 29	7 9	8 20	8 50	8 49	9 13
3	7 47	8 19	9 16	9 40	9 37	10 1
4	8 49	9 15	10 4	10 27	10 24	10 46
5	9 40	10 4	10 50	11 11	11 8	11 30
6	10 28	10 50	11 32	11 53	11 51	—
7	11 12	11 33	—	—	0 14	0 13	0 34
8	11 54	—	0 35	0 56	0 56	1 17
9	0 15	0 35	1 16	1 38	1 40	2 3
10	0 56	1 16	2 0	2 21	2 25	2 50
11	1 38	1 59	2 45	3 10	3 16	3 45
12	2 20	2 43	3 36	4 4	4 16	4 55
13	3 6	3 30	4 36	5 18	5 41	6 29
14	3 56	4 24	6 6	6 57	7 13	7 52
15	4 59	5 41	7 40	8 17	8 23	8 49
16	6 20	7 11	8 48	9 14	9 12	9 33
17	7 53	8 29	9 38	10 0	9 53	10 12
18	9 0	9 27	10 21	10 41	10 27	10 47
19	9 54	10 19	10 58	11 14	11 2	11 18
20	10 41	11 1	11 30	11 46	11 33	11 48
21	11 20	11 38	—	0 1	—	0 3
22	11 55	—	0 15	0 29	0 17	0 32
23	0 12	0 27	0 44	0 59	0 47	1 3
24	0 43	0 59	1 14	1 28	1 19	1 36
25	1 14	1 29	1 44	2 0	1 53	2 12
26	1 44	2 0	2 17	2 34	2 31	2 54
27	2 14	2 31	2 53	3 16	3 19	3 48
28	2 49	3 8	3 42	4 12	4 21	5 0
29	3 28	3 51	4 49	5 34	5 45	6 31
30	4 17	4 45	6 25	7 10	7 12	7 48
31	5 31	6 10			8 17	8 44

Boulogne et l'Etablissement des Bains.

THÉATRE

(1,042 Places).

Les représentations ont lieu le jeudi, le samedi et le dimanche, et souvent le mardi. — On joue le grand opéra, l'opéra-comique, la comédie, le drame, le mélodrame et le vaudeville. L'opéra comique est la base des représentations.

PRIX DES PLACES.

Premières loges, stalles de la galerie de face.......	4 f.	» c.
Avant-scènes du rez-de-chaussée, stalles d'orchestre, premières galeries de côté............	3	»
Avant-scènes des secondes, parquet................	2	»
Secondes loges, loges-baignoires................	1	50
Avant-scènes des troisièmes	1	»
Pourtour du parterre......	1	25
Parterre............	1	»
Avant-scènes des quatrièmes, troisièmes loges...	»	75
Amphithéâtre des troisièmes................	»	60

Amphithéâtre des quatriè-
mes, galeries des quatriè-
mes............ » 50

POSTE AUX LETTRES

Bureau central, rue des Vieillards, 28.

Le bureau est ouvert depuis 7 heures du matin jusqu'à sept heures du soir en été, et de 8 heures du matin à 8 heures du soir en hiver. Le tableau des heures d'arrivée et de départ se trouve placé à la porte. Les dimanches et les jours fériés, les guichets sont fermés à 3 heures.

Le programme quotidien de l'Etablissement des bains donne les heures des levées des boîtes.

Boîtes dans les différents quartiers de la ville et à l'Etablissement des bains.

SERVICE TÉLÉGRAPHIQUE.

Station, rue du Pot-d'Etain et rue Napoléon (entrée par l'hôtel du Nord). Service de jour et de nuit.

Prix d'une dépêche électrique de vingt mots (adresse et signature comprises).

De Boulogne pour tout le département............ 1 f. »

De Boulogne pour tous les bureaux français....... 2 »
(moitié en plus par chaque dizaine de mots).

De Boulogne pour Londres et Folkestone, pour une dépêche de vingt mots (adresse et signature comprises).... 2 »
(moitié en plus par chaque dizaine de mots).

De Boulogne pour toutes les autres villes de la Grande-Bretagne, de l'Irlande et de l'Ecosse............. 4 25

De Boulogne pour l'Algérie. 8 »

Les bureaux sont ouverts jour et nuit.

SERVICES RELIGIEUX.

CULTE CATHOLIQUE.

Paroisse Saint-Nicolas (basse-ville). — Paroisse Saint-Joseph (haute-ville).

— Paroisse Saint-Vincent-de-Paul (Capécure). — Paroisse Saint-Pierre (basse-ville). — Paroisse Saint-François-de-Sales (faubourg de Bréquerecque). — Couvents.

CULTE PROTESTANT.

Temples anglais. — *British Chapel.* — *British Episcopal Church.* — *Trinity Church.* Temple *Wesleyen.* — Chapelle évangélique.

Oratoire du culte israélite.

ADMINISTRATIONS.

Arrondissement de Boulogne. — *Sous-Préfet :* M. le baron de Farincourt ✻.

Membre du Conseil général, pour Boulogne : M. Al. Adam, O. ✻.

Membres du Conseil d'arrondissement, pour Boulogne : MM. Aug. Chauveau et Fr. Morand.

Ville de Boulogne. — *Maire :* M. le docteur Livois.

Adjoints : MM. Ad. Crouy, Ch. Bellet.

Commissaire central de police : M. Brayer.

Commissaire spécial du chemin de fer et du port : M. Devoisins.

Instruction publique. — *Collège communal* : Principal, M. Blaringhem.

École communale de dessin.

École communale de musique.

Cours pour les adultes; ouvroir; écoles anglaises de charité. — *Institutions particulières.*

Bibliothèque publique. — *Bibliothécaire* : M. Gérard. — *Sous-bibliothécaire* : M. Bénard père.

La bibliothèque est ouverte tous les jours (excepté le vendredi), de dix heures du matin à quatre heures après midi. Elle est fermée du dimanche des Rameaux au dimanche de *Quasimodo*, et du 1er au 15 octobre inclusivement.

MUSÉE.

MM. F. Morand, président de l'administration ; — Marmin-Pamart, secrétaire ; — l'abbé D. Haigneré, secrétaire-adjoint; — Debayse, trésorier ; — Duburquoy, gardien.

Le musée est ouvert au public les jeudis, les samedis et les dimanches, le jour de la fête nationale et pendant la durée des foires de la Madeleine et de la Saint-Martin. Les heures d'admission sont de dix à quatre heures. — Les autres jours sont réservés aux étrangers, aux étudiants et aux personnes munies d'un permis signé du secrétaire, rue Neuve-Chaussée, 7.

N. B. — Le gardien perçoit une légère rétribution pour les dépôts faits à la porte, tels que parapluies, cannes, etc.

SOCIÉTÉS LOCALES.

Société humaine, sous le patronage de l'Empereur.

Les souscriptions sont reçues à Boulogne, chez MM. Adam et Cie, banquiers, et chez le gardien de la maison de secours.

Comité de publicité, publiant le programme quotidien des matinées et fêtes de l'Établissement. — Président, M. Ch. Bellet ; — Secrétaire, M. S. Petit.

Société des Courses, le maire, président.

Société des régates, M. Lonquéty, ✶ président.

Société Philharmonique. M. Plantard de Laucourt, président ; — M. Janin, secrétaire.

Société musicale, *Musique communale*, *Fanfares Boulonnaises*, *Orphéon de Boulogne*.

Deux *sociétés chorales*.

Société de Bienfaisance. Président, M. Wimel-Ovion.

Société des Grands Archers de Saint-Sébastien.

Compagnie des Chevaliers d'Arc.

DOCTEURS-MÉDECINS ET CHIRURGIENS.

Allatt, rue Neuve-Chaussée, 85.
Biencourt, place Navarin, 3.
H. Cazin, rue du Bras-d'Or, 1.
Cookesley, rue des Vieillards, 41.
Cousin, rue des Vieillards, 48.
Duhamel, rue des Vieillards, 14.
Flour, rue du Bras-d'Or, 32.
Gros, rue de l'Oratoire, 10.
Guerlain, rue de l'Ancienne-Comédie, 11.
Hillier, rue Napoléon, 38.
Hope, rue Napoléon, 33.
Legay ✳, rue de Flahaut, 22.
Lejeune ✳, rue des Religieuses-Anglaises, 20.
Livois, maire de Boulogne, rue Napoléon, 7.
Masson, rue Royale, 53.
Ch. Noël, rue Napoléon, 58.
Ovion, Grand'Rue, 38.
Perrochaud ✳, rue Siblequin, 35.
Renaud, rue Monsigny, 31.

JOURNAUX.

L'*Impartial* (le mercredi et le samedi matin), bureau, rue des Vieillards, 3.

La *Colonne* (le jeudi et le dimanche), rue Royale, 8 ter.

The Boulogne Express (le samedi), rue Napoléon, 60.

L'Indicateur (le samedi et le mercredi), 12, rue de la Lampe.

MONUMENTS.

Boulogne possède un assez grand nombre de monuments intéressants à visiter par les souvenirs qu'ils rappellent. Voici les principaux :

Les Remparts et les Portes datent du XIIIe siècle. Les fortifications, ainsi que les tours, furent détruites en 1687. Aujourd'hui, les remparts forment de délicieuses promenades ombragées, d'où l'on jouit d'un panorama charmant et d'où la vue, s'étendant sur la mer, peut prolonger le regard jusque sur les côtes d'Angleterre.

Le Château, situé à l'est des remparts, date aussi du XIIIe siècle. Il fut bâti par un des comtes de Boulogne, Philippe le Hurepel, en 1231. Aujourd'hui, c'est un dépôt d'armes et une caserne. Pour le visiter, demander l'autorisation au commandant de place.

L'Hôtel de Ville, place Godefroy-de-Bouillon, dans la haute ville, fut construit en 1734 sur l'emplacement de l'ancien palais des comtes de Boulogne, lequel avait été bâti en 1059 par Eustache Ier.

C'est par erreur que quelques historiens prétendent que Godefroy-de-Bouillon, duc de Lorraine, naquit dans l'ancien palais. Le premier roi chrétien de Jérusalem est né à Baizy, près de Nivelle (Brabant), en 1100. Il était fils de Eustache II, comte de Boulogne, et c'est dans cette ville, à la vérité, qu'il passa les premières années de sa jeunesse.

Le monument actuel n'a rien de bien remarquable, il subit en 1853 et 1854 d'importantes restaurations; l'intérieur renferme cependant une belle toile de Claudius Jacquant.

Le Beffroi est situé derrière l'Hôtel de Ville, il date du commencement du XIIe siècle, et fut réédifié au XIIIe. Il faisait partie du palais des comtes de Boulogne.

Pour monter au sommet, d'où l'on

jouit d'une vue splendide sur la contrée et la mer, ou visiter ses cachots moyen âge, il faut s'adresser au concierge de l'Hôtel de Ville.

Le Palais de Justice, au marché aux grains, fut construit de 1849 à 1852. L'extérieur est d'un très-gentil aspect; l'intérieur, parfaitement approprié à son usage, est à la fois élégant et sévère.

L'ancien palais épiscopal est situé dans l'enclos de l'Evêché. Pendant longtemps, il fut la résidence des évêques de Boulogne. Lors du campement de la grande armée, c'était l'habitation du maréchal Ney. Aujourd'hui, c'est une institution de jeunes gens, fondée par Mgr Haffreingue, et qui jouit à juste titre, en France, en Belgique et en Angleterre, d'une immense réputation.

La cathédrale de Notre-Dame. Sur les ruines de l'ancienne église Notre-Dame-de-Boulogne, qui avait été bâtie elle-même au commencement du VIIe siècle sur les restes d'un temple païen, s'élève aujourd'hui la nouvelle Notre-Dame-de-Boulogne, dont la réédification est due à Mgr Haffreingue, qui conçut et exécuta le projet grandiose de la reconstruire entièrement; travail gigantesque que le vénérable prélat entreprit avec le concours de la piété des fidèles, et qu'il nomme, dans son humilité, l'œuvre de Dieu.

Cet édifice mérite à plus d'un titre la visite des étrangers. Sa forme est celle d'une croix grecque, surmontée d'un dôme élancé, véritable chef-d'œuvre de hardiesse, au sommet duquel on jouit d'un panorama des plus splendides sur les environs et d'où la vue, se prolongeant sur la mer, ne trouve que les côtes d'Angleterre pour limites aux désirs du regard.

Le style intérieur est un mélange élégant de l'architecture grecque et romaine, relevée encore par la coquetterie de colonnes élancées et un ensemble de voûtes à jour d'un très-bel effet, dans le fond desquelles, sur un ciel d'azur, se détachent, peintes en grisaille vaporeux, les figures de l'Apocalypse de l'ancien Testament et celles du nouveau.

L'ornementation de la chapelle de la sainte Vierge est d'un bel effet; à

la voûte, dans un ciel bleu, une croix blanche « *par ce signe vous vaincrez;* » au fond la légende de Notre-Dame :
« Une statue de la Vierge, tenant
» Jésus enfant dans ses bras, arriva
» dans le port de Boulogne sans ma-
» telots et sans rames, sur une barque
» resplendissante d'une lumière cé-
» leste. » — A la barque est attachée une croix de la Légion d'honneur; c'est l'accomplissement d'un vœu fait en Crimée par un officier supérieur de l'armée française. De chaque côté de la chapelle, sont suspendus des ex-voto.

La Crypte, construite en partie au XIIe siècle, renferme beaucoup d'antiquités de l'époque romaine, de la période romane, du moyen âge et de la renaissance, trouvées çà et là dans les décombres de l'ancienne église. Le Calvaire qui se trouve à l'extrémité est d'un saisissant effet et représente parfaitement le mont Golgotha.

Entrée pour visiter l'église et la crypte *par la rue de Lille*. Les offrandes qu'on veut bien faire sont employées à continuer les travaux que

Mgr Haffreingre poursuit sans relâche et avec son infatigable zèle.

L'Eglise Saint-Joseph, marché aux grains, bâtie en 1772.

La Chapelle des Ursulines, rue des Ursulines, bâtie en 1820.

La Chapelle de N.-D.-du-Bon-Secours, rue Saint-Martin, 3, bâtie en 1860, — style ogival.

Chapelle de la Visitation, rue de Maquétra, bâtie en 1841, — style ogival.

Le Palais Impérial, place Godefroy-de-Bouillon, ancienne résidence de l'Empereur Napoléon Ier.

L'Hôtel de la Sous-Préfecture, Grand'Rue, bâtie en 1786, restauré en majeure partie en 1853-1854.

L'ancienne église du Séminaire, Grand'Rue, construite au commencement du XVIIIe siècle, restaurée en 1862.

Le Muséum, Grand'Rue, fondé en 1825.

La Bibliothèque publique, Grand'Rue, au-dessus du Muséum, fondée en 1798.

Le Collége communal, rue du Collége et Grand'Rue, bâti en 1840.

L'Eglise Saint-Nicolas, Grand'-Rue et place Dalton, présente des traces d'architecture romane du commencement et de la fin du XIIe siècle. Le chœur paraît avoir été bâti vers 1400. La nef a été reconstruite à la fin du XVIIIe siècle.

La Chapelle Saint-Alphonse, rue Wissocq, bâtie de 1857 à 1860. — Style ogival.

L'Hospice Saint-Louis, rue Saint-Louis, rebâti en 1696.

Le Théâtre, rue Monsigny, reconstruit en 1858-1860.

Les anciennes Casernes du Rivage, rue des Casernes, bâties en 1772.

L'Eglise Saint-Pierre, place Saint-Pierre, bâtie en 1844-1850. — La tour a été achevée en 1862-63. — Style ogival.

L'Enclos de la Baraque de l'Amiral. Cet enclos, créé en 1850 par un Boulonnais, M. Nicolaï-Vignon, est situé rue de la Baraque de l'Empereur, sur la déclivité de la falaise : il renferme trois souvenirs de l'illustre Chef de la Grande-Armée.

Les ruines de la Tour-d'Odre, à quelques mètres de l'enclos.

La pierre monumentale de la Légion-d'Honneur, à une très-courte distance de là, restaurée, en 1854, par les ordres de l'Empereur Napoléon III.

La Colonne Napoléone, construite de 1804 à 1864, en souvenir de la Grande-Armée.

L'Etablissement des Bains de mer, construit de 1861 à 1863 (voir page 7).

L'Eglise Saint-Vincent-de-Paul, place Impériale, à Capécure, construite de 1858 à 1862. — Style ogival.

Les Casernes, rue de Sébastopol, achevées en 1861.

L'Eglise Saint-François-de-Sales, rue de Bréquerecque, reconstruite de 1857 à 1859. — Style roman.

La Chapelle de N.-D.-de-St-Sang, rue de Bréquerecque, reconstruite en 1860. — Style ogival.

La Halle aux poissons, quai des Bains, due à l'amiral Bruix.

PROMENADES ET EXCURSIONS

AUX ENVIRONS DE BOULOGNE.

Le Mont-Lambert.	1/2 heure.
La Colonne Napoléone et vue des côtes d'Angleterre.	1 heure.
Wimille, Grisendalle, Wimereux.	1 id.
Wacquinghen, Maninghen. . .	2 id.
Ancien camp d'Honvault, la Poterie, Terlincthun. . . , .	1 heure.
La vallée du Denacre et Rupembert, par la haute-ville, retour par la Colonne.	2 heures.
La Cluse, Souverain-Moulin, Cuverville, Pernes.	1 h. 1/2.
La vallée d'Echinghen. . . .	1 heure.
Bédouâtre, Bainethun, La Capelle, la forêt de Boulogne. . . .	2 heures.
La forêt de Desvres.	2 h. 1/2.
Carrières de Ferques.	2 heures.
Marquise	2 id.
Ambleteuse	3 id.
La vallée heureuse	3 id.
La Verte-Voie, le Pont-de-Briques, Audisques, Isques et retour par la route de Bréquerecques.	2 heures.
Le Portel.	1 id.
Usines de Montataire.	1 id.
Equihen, Ningle.	1 h. 1/2.
Condette, les dunes, château d'Hardelot.	2 heures.

VOITURES DE PLACE.

TARIF.

De 6 h. du matin a minuit, par course, 1 f. 50
    Id.   id.   par heure. 2 »
De minuit à 6 h. du matin, p' une course 2 »
    Id.   id.   par heure. 2 50
Pour les courses à la campagne, par
  heure, pour le jour comme pour la nuit 2 50

Le cocher est porteur de l'arrêté de police sur la circulation des voitures; il doit l'exhiber à la première réquisition du voyageur et remettre à celui-ci, au moment où il monte en voiture, un billet indicatif du numéro de cette voiture et du tarif.

Voitures de louage et de remise, en ville.

Ânes, la première heure, 50 cent.; heures suivantes, 25 cent.

COMMISSIONNAIRES.

Les commissionnaires ne peuvent exiger, pour le transport, dans les limites de l'octroi, tant de jour que de nuit, des bagages qui leur sont confiés, des prix plus élevés que ceux ci-après déterminés :

Un colis d'un poids inférieur à 20 kilog. » f. 50
Plusieurs objets et colis réunis, mais
  n'excédant pas ce poids. . . . . 1 »
Un ou plusieurs colis réunis, d'un poids
  de 20 à 40 kilog. 1 25
Un ou plusieurs colis réunis, d'un poids
  supérieur à 40 kilog. 1 50

(Transport avec ou sans voitures).
Les courses sans bagages ne sont payées que 50 cent.

DOMESTIQUES.

L'engagement se fait généralement au mois; la résiliation en peut être arrêtée, mais les maîtres ou les domestiques doivent se prévenir réciproquement huit jours d'avance, avant l'expiration du mois de service.

TABLE COMPARATIVE
des Monnaies anglaises et françaises.

Monn. angl.			Monn. fr.		Monn. angl.			Monn. fr.	
L.	S.	D.	Fr.	C.	L.	S.	D.	Fr.	C.
»	»	0 1/2	»	05	»	11	»	13	75
»	»	1	»	10	»	12	»	15	»
»	»	2	»	20	»	13	»	16	25
»	»	6	»	60	»	14	»	17	50
»	1	»	1	25	»	15	»	18	75
»	2	»	2	50	»	16	»	20	»
»	3	»	3	75	»	17	»	21	25
»	4	»	5	»	»	18	»	22	50
»	5	»	6	25	»	19	»	23	75
»	6	»	7	50	1	»	»	25	»
»	7	»	8	75	2	»	»	50	»
»	8	»	10	»	4	»	»	100	»
»	9	»	11	25	20	»	»	500	»
»	10	»	12	50	40	»	»	1,000	»

LITHOGRAPHIE
BERR & SIMONNAIRE,
A Boulogne-sur-Mer.

MERRIDEW
LIBRAIRIE ANGLAISE,
60, rue Napoléon,
A BOULOGNE-SUR-MER,

Fournit toutes les publications anglaises *aux mêmes prix que les éditeurs de Londres;* reçoit des colis de cette ville deux fois par semaine.

PIANOS PLEYEL.
Journaux de Londres.

A LA GALERIE PARISIENNE,
J. DODON.

MAISON DE GROS : 22, place d'Alton, 22,
MAISON DE DÉTAIL : 25, Grand'Rue, 25,

A BOULOGNE-SUR-MER.

Mercerie. — Rubans de soie et de velours. — Tapisserie. — Fleurs artificielles. — Articles pour modes. — Passementerie. — Galons et Boutons. — **Articles de Paris et anglais.**

PRIX FIXES
marqués en chiffres connus.

PHOTOGRAPHIE VERNEUIL

32, rue Napoléon (de l'Ecu), 32,

A BOULOGNE-SUR-MER.

Nous recommandons spécialement la photographie Verneuil; les épreuves qui sortent de chez ce photographe se distinguent par la netteté, la franchise et la vigueur de l'harmonie, ainsi que par le naturel et la vérité de la pose.

Des *ateliers élégants* d'hiver et d'été, où la lumière se tamise à volonté, permettent de poser par tous les temps.

CASINO CLÉRY

au

CAFÉ VERMOND

64, rue Napoléon,

A BOULOGNE-SUR-MER.

Les consommations du Casino Cléry sont les mêmes que dans les meilleurs cafés de Paris.

Concerts de jour, de 11 heures à 1 heure; ENTRÉE LIBRE.

Soirées chantantes tous les soirs, de 9 heures à minuit.

MAISON Hip. NOEL,
ALLEAUME successeur,
22, rue Neuve-Chaussée, à Boulogne.

ÉPICERIE, COMESTIBLES ET THÉS
Grocery and tea, Wines merchand.

BOULOGNE,
22, rue Neuve-Chaussée, 22.

LA
JOUVENCELLINE
EAU AMÉRICAINE

Régénératrice de la Chevelure

DU DOCTEUR JACKSON

N'est pas une teinture; elle rend aux cheveux gris ou blanc leur couleur primitive et les empêche de tomber.

Prix du flacon : 10 fr.

Dépôt général de fabrique à Paris, 6, rue du Vieux-Colombier, et 18, boulevard Montmartre, A L'OFFICE HYGIÉNIQUE.

A **Boulogne** : *Au Gant-Vert*, 2, rue Napoléon, chez M. Jules Sellier, coiffeur-parfumeur, 30, rue Napoléon.

VERMOUT
ET EXTRAIT D'ABSINTHE,
MAISON CHAVASSE
À CETTE (Hérault).

Nous croyons être agréable et utile aux amateurs, en leur désignant la maison qui, à notre avis, est arrivée à faire le plus parfaitement le vermout de Turin : c'est la **maison Chavasse, à Cette**, qui est d'origine piémontaise.

Aujourd'hui, grâce aux procédés employés par M. Chavasse, le vermout de Turin est transportable, et, au delà des mers on peut désormais se faire expédier ce délicieux préservatif de la fièvre ; il y arrive sans rien perdre de son arôme et sans que sa limpidité soit troublée. La maison de M. Chavasse est la plus grande fabrique de vermout que nous connaissions en France et à Turin ; de plus, elle est connue dans le commerce et dans le monde par plus de *quarante années de succès et d'honorabilité. Son installation première* **dans les États Sardes date de 1814.**

THE VERMOUT

Is a delicious stimulant strengthening and febrifuge drink; mixed up with water it is refreshing and relishing, if taken before breakfast it proofs to be a powerful preservative against dysentery a frequent disease in hot climates. It is made of the very best quality of white wine, instilled with bitter and aromatical plants.

M. CHAVASSE est le premier qui introduisit en France et en Angleterre l'usage du Vermout. Cette boisson agréable, stimulante, tonique et fébrifuge, qui, étendue d'eau, est rafraîchissante et appétissante prise à jeun, est anti-fiévreuse et un puissant préservatif contre la dyssenterie, maladie fréquente pendant les chaleurs de l'été. Son composé est un vin blanc de première qualité infusé de plantes amères et aromatiques.

L'ÉLIXIR VÉGÉTAL SUISSE

ET

L'EAU D'ARQUEBUSADE SUISSE

CHEZ BERNIER,
4, quai de Bondy, à Lyon,

Obtiennent un grand succès dans les maux d'estomac, indigestion, mal de mer, épilepsie, paralysie, rhumatismes, coups, blessures, démangeaisons, etc.

Grande médaille d'or, LONDRES, 1862.
Médaille d'argent de 1re classe, Paris, 1860.

Compagnie fermière de l'Etablissement Thermal de

VICHY

PROPRIÉTÉ DE L'ÉTAT.
Concession de Juin 1853.
Société anonyme par decret du 27 déc. 1862.

ADMINISTRATION
22, BOULEVART MONTMARTRE, A PARIS.

L'Etablissement Thermal est ouvert toute l'année.

Les Eaux de Vichy s'expédient par **caisses de 50 bouteilles** ou 50 demi-bouteilles.

SOURCES
de l'Etablissement thermal de Vichy,
GRANDE-GRILLE, — CÉLESTINS,
HAUTERIVE, — MESDAMES, — PARC,
HÔPITAL.

PRIX
DES CAISSES D'EAU DE VICHY
RENDUES A DOMICILE
PAR LES SUCCURSALES:

Paris { 22, boulevart Montmartre, 187, rue Saint-Honoré, }	35 »
Marseille, 9, rue Paradis. . . .	37 50
Havre, 17, Grand-Quai	38 »
Strasbourg, 37, faub. de Saverne	38 »
Toulouse, 7, boulevard d'Arcole .	40 »
Nice, Huart, maison Huart . . .	40 »
Lyon, 5, place des Célestins . .	34 »
Londres, Margaret street (R. st.).	50 »

SELS POUR BAINS DE VICHY
A DOMICILE.
Rouleaux de 500 grammes : 1 fr. 50.

PASTILLES DIGESTIVES DE VICHY
Boîtes de 500 grammes : 5 fr.

Tous les produits de l'Etablissement thermal de Vichy portent le

CONTROLE
DE L'ÉTAT

HOTEL
DU CHEMIN DE FER DU NORD,
En face la nouvelle gare du chemin de fer du Nord,

Rue de Dunkerque, à Paris.

Par suite des transformations opérées dans Paris depuis quelques années, **ce magnifique hôtel se trouve** maintenant **dans une situation centrale** et proche des gares du Nord et de Strasbourg. — Il touche aux boulevards Sébastopol et de Magenta et est à quelques minutes seulement des faubourgs Poissonnière et Montmartre, ainsi que de la rue Laffitte, centre de Paris, jusqu'où se continue maintenant la rue Lafayette.

Le confortable, l'élégance des chambres et la modération des prix en font un hôtel exceptionnel que nous recommandons avec plaisir.

Café-restaurant communiquant avec l'hôtel.

Banque, Change et Recouvrements.
E. KAUFMANN et Cie,
Changeurs, 18, rue Laffitte, Paris.

ENGHIEN

PRÈS PARIS.

LE GRAND ÉTABLISSEMENT THERMAL et HYDROTHÉRAPIQUE *d'Enghien* est devenu, sans contredit, un des plus importants et des plus complets de France, et même de l'Europe.

LE MÉRITE incontestable **DE SES EAUX SULFUREUSES**, la beauté de son grand parc, son délicieux lac, attirent chaque année, pendant la saison d'été, de nombreux baigneurs qui viennent y chercher la santé et le plaisir.

L'efficacité des eaux sulfureuses d'Enghien est constatée par des milliers de guérisons obtenues dans les affections de poitrine, les catarrhes chroniques, les organes de la voix, de la respiration, dans les maladies de la peau, les chloroses, les siphilis, les plaies, les rhumatismes, etc.

ETABLISSEMENT HYDROTHÉRAPIQUE à l'eau ordinaire, 10 degrés R. ou à l'eau sulfureuse : le seul en Europe où l'on fasse de l'hydrothérapie à l'eau sulfureuse.

UNE SALLE D'INHALATION, la plus complète qui existe, est consacrée au traitement des affections de la gorge, de la voix et de la poitrine.

EAU SULFUREUSE EN BOISSON. Prix de la caisse de 50 1/4, 25 fr.; de 50 1/2 bouteilles, 30 fr.; de 50 bouteilles, 35 fr.

S'assurer que les eaux sortent du grand établissement ou de la succursale, 22, boulevard Montmartre, A PARIS.

DEUX CHEMINS DE FER CONDUISENT A ENGHIEN en 25 minutes, gare du Nord, place Roubaix, et gare de l'Ouest, place du Havre.

REMÈDE CERTAIN

Pour les yeux

Affaiblis par le travail et par l'âge.

LE COLLYRE

DU Dr JACKSON.

PRIX : 3 fr. — S'expédie contre remboursement, mandats ou timbres-poste.

Dépôt général à Paris, 6, rue du Vieux-Colombier. — **Exiger** sur le flacon la signature JACKSON.

LINIMENT
BOYER-MICHEL

Pour les chevaux,

Remplaçant le feu sans laisser de traces de son emploi,

Chez Michel, pharmacien à Aix (Provence).

Extrait du rapport fait à la Société des sciences industrielles de Paris (26 décembre 1862).

« M. Michel, collaborateur, puis successeur de M. Boyer, et seul propriétaire de cette précieuse formule, est parvenu, par des modifications successives, à donner à ce produit un degré de perfection tel, qu'à en juger, soit par les nombreuses demandes et les certificats d'éloges, soit et mieux encore par ses débouchés constants et de plus en plus rapides sur tous les points de la France et même sur quelques points de l'étranger, son efficacité peut être considérée comme à peu près infaillible.

....

» Comme il nous est démontré, Messieurs, par un grand nombre de pièces authentiques, que l'action thérapeutique du **Liniment Boyer-Michel** constitue un médicament héroïque, nous regardons la vulgarisation de ce révulsif comme un service rendu à l'agriculture, à l'industrie, à l'art vétérinaire. Nous avons l'honneur de vous demander pour son savant auteur une récompense digne de son mérite. »

Récompense : Médaille de bronze.

DÉPOT A BOULOGNE, chez M. E. DUTERTRE, pharmacien, rue Napoléon.

ÉTABLISSEMENT THERMAL
DE
la SOURCE BOURGES
AU CENTRE DE LAMALOU
Et SOURCE LAVERNIÈRE,
Près Béziers (Hérault).

EXPORTATION DES EAUX ferrugineuses acidules et gazeuses ne décomposant pas le vin. — SELS pour BAIN et BOISSON.

PASTILLES préparées avec le FER EXTRAIT DES EAUX DE LA SOURCE BOURGES.

S'adresser à M. Bourges à Lamalou du Centre, DÉPOT A LA SUCCURSALE DE VICHY.

ÉLIXIR ANTI-RHUMATISMAL

DE FEU **Sarrasin**, PHARMACIEN,
Préparé par **Michel**,
Pharmacien à Aix (Provence).

L'élixir anti-rhumatismal que nous nous faisons un devoir de recommander ici, s'attaque toujours victorieusement aux vices du sang, seule source et seul principe des ophtalmies rhumatismales, des sciatiques, des névralgies faciales ou intestinales, des lombagos, etc., etc., et enfin de ces tumeurs blanches, de ces douleurs vagues, errantes, se promenant, circulant sur les articulations.

Cet **élixir**, que nous plaçons au rang des agents thérapeutiques les plus utiles et les plus certains, se donne à tous les âges et à tous les sexes sans aucun danger.

Un prospectus joint au flacon, qui ne coûte que *10 fr. pour un traitement de 10 jours,* indique les règles à suivre pour en assurer les résultats.

DÉPOSITAIRE A BOULOGNE :
M. E. DUTERTRE, pharmacien, rue Napoléon.

SIROP PARÉGORIQUE
CONTRE LA TOUX,
DE MOUSSERON, PHARMACIEN A DIJON.

Le sirop parégorique de M. Mousseron a pour but de calmer la *toux* qui dépend de la phlegmasie directe des organes. Ses vertus sont analogues à celles des baumes qui, avec les térébenthines, se partagent le privilége de modifier avec avantage les affections catarrhales et les phlegmasies chroniques de la muqueuse gastro-pulmonaire.

Dans notre numéro du 15 octobre 1863, nous avons cité les observations suivantes de guérisons obtenues par le sirop parégorique de M. Mousseron, savoir :

1° Bronchite des grosses bronches, chez un professeur, affection rebelle aux moyens ordinaires, guérie en quatre ou cinq jours ;

2° Rhume intense, chez deux de nos enfants, guéri en quarante-huit heures ;

3° Affection tuberculeuse, chez une personne de trente-six ans : calme parfait pendant l'usage du sirop parégorique.

Le sirop parégorique de M. Mousseron constitue donc un auxiliaire puissant dans le traitement des bronchites et des autres affections pectorales, et nous n'accomplissons qu'un acte de justice en signalant ici ses précieuses propriétés.

(Extrait du *Bulletin médico-pharmaceutique* du 30 novembre 1863.)

SE TROUVE : chez les principaux pharmaciens.

LA PARFUMERIE
SULFURÉE ET IODÉE

d'Uriage, d'Allevard ou d'Enghien,

Fabriquée avec les parfums les plus suaves extraits des plantes et des fleurs alpines, est devenue la parfumerie du monde élégant.

Outre la suavité de ses parfums elle contient les *mêmes principes que les eaux d'Uriage, d'Allevard ou d'Enghien* et est, en réalité, **la plus hygiénique de toutes les parfumeries.** Son **Eau de toilette** adoucit et blanchit la peau, elle se distingue de tous les vinaigres et eaux de toilette connus, par ses propriétés lénitives et rafraîchissantes.

Dépôt général de fabrique: maison Tholon-Avèque (aîné), 7, rue Montorge, 7, à **Grenoble** (Isère), et dans toutes les bonnes parfumeries de France et de l'étranger.

A **Paris:** rue Cassette, n° 20,
— et 6, r. du Vieux-Colombier.

LES EAUX THERMALES
DE
LA SOURCE BOURGES
ET CELLE
DE LAVERNIÈRE
AU CENTRE DE LAMALOU
(HÉRAULT)

sont FERRUGINEUSES, ACIDULES et GAZEUSES ; elles conviennent aux tempéraments faibles, et sont très-bonnes avec le vin, qu'elles ne décomposent pas.

Les PASTILLES FERRUGINEUSES sont préparées avec les sels naturels extraits des eaux.

S'adresser à M. BOURGES, à LAMALOU DU CENTRE.

Etablissement ouvert toute l'année.

Pour se rendre à *l'Etablissement thermal*, qui *possède* un *délicieux et confortable hôtel*, prendre le chemin de fer à la gare de Lyon pour Béziers ; de là on se rend à Bédarieux, situé à peu de distance, et à cette gare on demande l'omnibus de la *Source Bourges*.

DEPOT dans toutes les succursales de Vichy.

NOTA. — Il y a dans les environs de Lamalou des mines d'argent et de cuivre exploitées par une Compagnie anglaise, ainsi que de belles promenades aux environs.

MALADIES DES YEUX
REMÈDE CERTAIN.

Prix : 3 fr.   **LE COLLYRE**   Prix : 3 fr.

DU DOCTEUR JACKSON

Est infaillible dans les affections de la vue provenant soit de l'affaiblissement de l'organe par suite de fatigues ou de veilles, soit de coups de sang, de coups d'air, etc.

Dépôt général à Paris, *rue du Vieux-Colombier, 6.*
S'adresser chez tous les principaux Pharmaciens.
À **Boulogne**, *chez* Dutertre, *parmacien, rue* Napoléon.

DÉPOT de fabrique à Paris, 6, rue du Vieux-Colombier.
DÉPOT central **A PARIS**, Office hygiénique, 18, boulevard Montmartre,
et chez les principaux parfumeurs de France.
A BOULOGNE, au *Gant-Vert*, 2, rue Napoléon.
— chez Jules Sellier, coiffeur-parfumeur, rue Napoléon, 30.

Pour la recoloration naturelle de la chevelure,

LA JOUVENCELLINE
EAU AMÉRICAINE RÉGÉNÉRATRICE
DU DOCTEUR JACKSON
N'EST PAS UNE TEINTURE.
Prix du flacon : 10 francs.

Un seul flacon suffit ordinairement pour rendre aux cheveux leur couleur primitive. *(Cette préparation enlève également les pellicules et empêche les cheveux de tomber.)*

SERVICES MARITIMES.

Service de Londres : Bureau de la *Compagnie générale,* pour Londres, quai de la Douane, n° 22; agent, M. A. Delattre.

Prix de Boulogne à Londres.

1re Classe . . . . 11 s. 0 d.
2me Classe 8   0
Enfants au-dessous de 10 ans . . 1/2 place.

Le prix de débarquement du bagage à London Bridge Warf est de 0 fr. 30 cent. par colis; les petits colis débarqués par les passagers eux-mêmes ne sont pas taxés.

EXCURSION DE BOULOGNE A LONDRES, ET VICE VERSA. Des billets, valables pour 14 jours, sont obtenus à Londres, à Boulogne ou à bord des navires, au prix d'une place et demie, pour Boulogne, Calais ou le Havre.

Service de Folkestone : Deux départs, l'un de jour, l'autre de nuit, réglés de manière à coïncider avec l'arrivée et le départ des trains entre Londres et Folkestone. — Bureau, 18, quai des Paquebots; agent, M. T. Barnard.

Prix de Boulogne à Folkestone.

1re Classe . . . . 8 s. 6 d.
Enfants 4   3

2me Classe. 6   6
Enfants 3   3

Prix de Folkestone à Londres
(en 2 h. 25 m.).

Trains de malle : 1re cl., 10 sch.; 2e cl., 13 sh.

Trains ordinaires : 1re cl., 17 sh. 0 d.; 2e cl., 12 sh. 0 d.; 3e cl., 6 sh. 6 d.

On délivre à Londres des billets d'aller et retour, à destination de Boulogne, valables pour 7 jours ou un mois.

Prix.

Pour 7 jours : 1re cl., 2 l.; 2e cl., 1 l. 10 sh.
Pour 1 mois : 1re cl., 2 l. 5 sh.; 2e cl., 1 l. 15 sh.

CHEMIN DE FER DU NORD.
SERVICE D'ÉTÉ.

Consulter pour la marche des trains les journaux-indicateurs, le tableau spécial des trains de marée, l'affiche placée dans l'Etablissement et le programme quotidien des fêtes.

ENTRE PARIS ET BOULOGNE.

8 trains par jour : 3 express (dont 2 trains de marée à heures variables), 2 semi-directs, 3 omnibus.

Durée du trajet : par express, 4 h. 35 ; par semi-direct, 5 h. 40; par omnibus, 7 h. 25.

Prix des places, billets simples : 1re classe, 28 fr. 45 cent. — 2e classe, 21 fr. 35 cent. — 3e classe, 15 fr. 65 cent.

Billets d'aller et retour,
DU SAMEDI MATIN AU LUNDI SOIR,
par tous les trains :
1re classe, 34 f. — 2e classe, 26 f.

ENTRE AMIENS ET BOULOGNE.

8 trains par jour.

Durée du trajet : express, 2 h. 25 ; semi-direct, 2 h. 30 ; omnibus, 3 h. 25.

Prix des places, billets simples : 1re classe, 13 fr. 80 cent. — 2e classe, 10 fr. 35 cent. — 3e classe, 7 fr. 60 cent.

Billets d'aller et retour,
DU SAMEDI MATIN AU LUNDI SOIR :
1re classe, 21 f. — 2e classe, 16 f.

ABONNEMENTS DE SIX MOIS.

Entre Paris et Boulogne, 1re classe, 800 fr.

Entre Amiens et Boulogne : 1re classe, 544 fr.

SUCCÈS CERTAIN:

LA
JOUVENCELLINE
Du Docteur JACKSON

EST EMPLOYÉE AVEC CERTITUDE POUR RECOLORER LA CHEVELURE.

Un seul flacon suffit ordinairement pour rendre aux cheveux leur couleur primitive.

Prix : 10 fr.

A Boulogne : au *Gant-Vert*, 2, rue Napoléon.
Id. chez J. Sellier, rue Napoléon, 30.
Dépôts généraux à Paris, 6, rue du Vieux-Colombier, et à l'Office hygiénique, 18, boulevart Montmartre.

CALENDRIER POUR 1865.

	AVRIL.			MAI.			JUIN.
	ss.			ss.			ss.
s	1	Hugues.	l	1	Philippe.	j	1	Justin.
D	2	PASSION.	m	2	Athanase.	v	2	Pothin.
l	3	s° Agape.	m	3	Inv. S.-C.	s	3	s° Clotil.
m	4	Ambroise.	j	4	s° Moniq.	D	4	PENTECO.
m	5	Vinc. Fe.	v	5	Andéol.	l	5	Boniface.
j	6	Sixte.	s	6	Jean P.-L.	m	6	Claude.
v	7	Célestin.	D	7	Stanislas.	m	7	Q.-Temp.
s	8	Edèse.	l	8	Victor.	j	8	Médard.
D	9	RAMEAUX.	m	9	Grég. N.	v	9	Prime.
l	10	Badème.	m	10	Antonin.	s	10	s° Marg.
m	11	Isaac.	j	11	Mamert.	D	11	TRINITÉ.
m	12	Jules.	v	12	s° Flavie.	l	12	Basilide.
j	13	Maris.	s	13	Servais.	m	13	Antoin. P.
v	14	Lambert.	D	14	Pons, m.	m	14	Rufin V.
s	15	Basilisse.	l	15	Euphrais.	j	15	FÊTE-D.
D	16	PAQUES.	m	16	Jean N.	v	16	Jean-F.
l	17	Anicet.	m	17	Tropès.	s	17	Juliette.
m	18	Apollon.	j	18	Eric, roi.	D	18	Amand.
m	19	Elphège.	v	19	s° Puden.	l	19	Gervais.
j	20	Joseph.	s	20	Baudile.	m	20	Silvère.
v	21	Marcellin.	D	21	Félix.	m	21	Louis G.
s	22	Soter.	l	22	ROGATION.	j	22	Paulin.
D	23	QUASIM.	m	23	s° Julie.	v	23	Alban.
l	24	Fidèle.	m	24	Didier.	s	24	NAT. J.-B.
m	25	Marc.	j	25	ASCENS.	D	25	S.-CŒUR.
m	26	Jean.	v	26	Philippe.	l	26	Jean, P.
j	27	Polycarp.	s	27	Bède.	m	27	Crescent.
v	28	Marcel.	D	28	Eutrope.	m	28	Irénée.
s	29	Robert.	l	29	Maximin.	j	29	Pierre, P.
D	30	Maxime.	m	30	Ferdinan.	v	30	C. Paul.
			m	31	s° Pétron.			

AVRIL : Premier Quartier le 3, Pleine Lune le 11, Dernier Quartier le 18, Nouvelle Lune le 25. — MAI : P. Q. le 2, P. L. le 10, D. Q. le 18, N. L. le 24. — JUIN : P. Q. le 1, P. L. le 9, D. Q. le 16, N. L. le 23.

LA JOUVENCELLINE rend aux cheveux gris ou blancs leur couleur primitive.

CALENDRIER POUR 1865.

		JUILLET.			AOUT.			SEPTEMBRE.
		ss.			ss.			ss.
s	1	Gal, év.	m	1	Pierre.	v	1	Lazare.
D	2	Vis. N.-D	m	2	Portionc.	s	2	Just.
l	3	Bertrand.	j	3	Inv. s. Et.	D	3	Grégoire.
m	4	Odon.	v	4	Dominic.	l	4	Marcel.
m	5	s° Berthe.	s	5	Venance.	m	5	Théodore
j	6	Pallade.	D	6	Transfig.	m	6	s° Reine.
v	7	Panthène	l	7	Donat.	j	7	Etienne.
s	8	s° Elisab.	m	8	Sévère.	v	8	Nat. B. V.
D	9	Ephrem.	m	9	Romain.	s	9	Véran.
l	10	s° Rufine.	j	10	Laurent.	D	10	s° Pulch.
m	11	Benoit.	v	11	s° Epine.	l	11	Patient.
m	12	Nabor, F.	s	12	s° Claire.	m	12	Guy.
j	13	Eugène.	D	13	Hippolyte	m	13	Aimé.
v	14	Bonaven.	l	14	Vig.-jeun	j	14	Ex. s° C.
s	15	Henri.	m	15	ASSOMPT.	v	15	Nicétas.
D	16	Scapul.	m	16	Roch.	s	16	Corneille.
l	17	Alexis.	j	17	Hyacint.	D	17	Cyprien.
m	18	Thom. A.	v	18	s° Hélène	l	18	s° Colom.
m	19	Vinc. P.	s	19	Marien.	m	19	Thomas.
j	20	s° Juste.	D	20	Bernard.	m	20	Q. Temps
v	21	s° Praxè.	l	21	s° Jeanne	j	21	Matthieu.
s	22	s° Marie.	m	22	Symphor.	v	22	Maurice.
D	23	Agathon.	m	23	Sidoine.	s	23	s° Suzan.
l	24	s° Christ.	j	24	Barthél.	D	24	s° Thècle.
m	25	Jacques.	v	25	Louis.	l	25	Firmin.
m	26	Joachim.	s	26	Genès.	m	26	s° Justine
j	27	Christop.	D	27	Césaire.	m	27	Cosme.
v	28	Nazaire.	l	28	Augustin.	j	28	Isnidon.
s	29	Prosper.	m	29	D. s. J.-B.	v	29	Michel.
D	30	Germain.	m	30	Julien.	s	30	Jérôme.
l	31	Ignace.	j	31	s° Rose.			

JUILLET : Premier Quartier le 1er, Pleine Lune le 8, Dernier Quartier le 15, Nouvelle Lune le 22, Premier Quartier le 30. — AOUT : P. L. le 7, D. Q. le 13, N. L. le 21, P. Q. le 29. — SEPTEMBRE : P. L. le 5, D. Q. le 12, N. L. le 19, P. Q. le 28.

LA JOUVENCELLINE rend aux cheveux gris ou blancs leur couleur primitive.

CALENDRIER POUR 1865.

		OCTOBRE.			NOVEMBRE.			DÉCEMBRE.
		ss.			ss.			ss.
D	1	ROSAIRE.	m	1	TOUSS.	v	1	Emilien.
l	2	Anges g.	j	2	les Morts.	s	2	s° Biblan.
m	3	Gilbert.	v	3	Evêques.	D	3	AVENT.
m	4	F. d'As.	s	4	Charl. B.	l	4	s° Barbe.
j	5	Apollin.	D	5	Ruf.	m	5	Sabas.
v	6	Bruno.	l	6	Léonard.	m	6	Nicolas.
s	7	Auguste.	m	7	Domnin.	j	7	s° Phare.
D	8	s° Brigit.	m	8	V. s° Rel	v	8	IMM. C.
l	9	Denis.	j	9	Vanne.	s	9	s° Léocad
m	10	s° Pélagie	v	10	Léon.	D	10	s° Eulalie
m	11	Firmin.	s	11	Martin.	l	11	Damase.
j	12	Probe.	D	12	DÉDICACE	m	12	Valery.
v	13	Giraud.	l	13	Léonien.	m	13	s° Luce.
s	14	Calixte.	m	14	Macaire.	j	14	Adon.
D	15	s° Thér.	m	15	s° Eugén.	v	15	Mesmin.
l	16	s° Hewige	j	16	Eucher.	s	16	s° Adélaï.
m	17	Florentin	v	17	Agnan.	D	17	s° Olymp.
m	18	Luc.	s	18	Alphée.	l	18	Gatien.
j	19	Florent.	D	19	Severin.	m	19	s° Delph.
v	20	Caprais.	l	20	Elisabet.	m	20	Q. Temps
s	21	s° Ursule.	m	21	Présent.	j	21	Thomas.
D	22	Melon.	m	22	s° Cécile.	v	22	s° Anast.
l	23	Severin.	j	23	Clément.	s	23	Vig.-jeun
m	24	Magloire	v	24	Chrysog.	D	24	s° Mélani.
m	25	Crépin.	s	25	s° Cather.	l	25	NOEL.
j	26	R. s. M.	D	26	Lin.	m	26	Etienne.
v	27	Evariste.	l	27	Virgile.	m	27	Jean.
s	28	Simon.	m	28	Léonce.	j	28	Innocents
D	29	Chef.	m	29	Saturnin.	v	29	Thomas.
l	30	Lucain.	j	30	André.	s	30	Sabin.
m	31	Vig. jeu.				D	31	Silvestre.

OCTOBRE : Pleine Lune le 4, Dernier Quartier le 11, Nouvelle Lune le 19, Premier Quartier le 27. — NOVEMBRE : P. L. le 3, D. Q. le 10, N. L. le 18, P. Q. le 26. — DÉCEMBRE : P. L. le 2, D. Q. le 10, N. L. le 18, P. Q. le 25.

LA JOUVENCELLINE rend aux cheveux gris ou blancs leur couleur primitive.

CONSULS.

Angleterre : M. Hamilton, Grand'rue, 113.
Autriche, Belgique : M. Ach. Adam ✻, rue Napoléon, 6 (*).
Brésil, Portugal : M. Emile Adam, rue Napoléon, 6.
Etats-Unis d'Amérique, Danemark, Suède, Norwége, Brême, villes de Lubeck et de Hambourg : M. L. Fontaine ✻, rue Saint-Louis, 5.
Espagne : M. Emile Carnier, rue Napoléon, 6.
Hanovre, Holstein - Oldembourg, Pays-Bas : M. Alex. Adam O. ✻, rue Napoléon, 18.
Italie : M. J.-C. Lonquéty, rue de Boston, 44.
Prusse : M. Lonquéty aîné ✻, rue de Boston, 44.
République de la Venezuela : M. Rouxel, rue des Vieillards, 8.
Id. de Nicaragua : M. Ach. Adam, rue Napoléon, 6.
Turquie : M. Adam fils, rue Napoléon, 6.

(*) Par suite de conventions diplomatiques, le vice-consul d'Autriche est autorisé à représenter les différents Etats d'Allemagne non mentionnés ici.

AVIS IMPORTANT.
LES PETITS GUIDES

Quoique n'existant que depuis 1862, ont cependant déjà obtenu un immense succès ; et leur publicité, répandue sur tous les points du globe, est reconnue pour être une des plus honorables et des plus utiles au commerce et à l'industrie.

Le Guide de Paris est tiré à 100,000 exemplaires (20,000 illustrés) : Lyon, Marseille, Bordeaux, Vichy à 30,000, et toutes les autres villes pour lesquelles on peut faire un guide à un minimum de 20,000. (Boulogne, 1865, 21,000.)

Les Guides de Marseille et de Nice étant *Guides officiels des messageries impériales* et contenant leur service maritime, sont distribués dans tous les pays où vont les navires de cette importante Compagnie.

Correspondants à Boulogne.

En attendant que l'Administration des Petits Guides ait un correspondant à Boulogne pour recevoir les annonces, MM. les négociants et maîtres d'hôtels sont priés de s'adresser à M. S. PETIT, secrétaire du comité de publicité, qui, par obligeance, veut bien se charger de les recueillir. — *S'adresser encore :* Administration des Petits Guides, à Valence (Drôme).

TABLE DES MATIÈRES.

Administration de la ville de Boulogne, 22.
Bibliothèque, 23.
Boulogne-sur-Mer, 3.
Casino Cléry, 38.
Chemins de fer, 56.
Consuls, 62.
Docteurs-médecins et chirurgiens, 25.
Eaux minérales d'Enghien, 45.
    —   Lamalou du Centre, 52.
    —   de Vichy, 42.
Épiceries et comestibles, 39.
Établissement des bains de mer, 10 à 14.
Heures des hautes mers, 16.
Hôtel du chemin de fer du Nord, 44.
Journaux, 25.
Librairie anglaise, 37.
Liniment Boyer Michel, 47.
Mercerie (Dodon), 37.
Monuments divers, 26 à 33.
Musée, 23.
Omnibus, 14.
Parfumerie, 51 et 54.
Pharmacie, élixir anti-rhumatismal, 49.
    —   sirop parégorique, 50.
Photographie, 38.
Poste aux lettres et Télégraphe, 20.
Promenades et excursions aux environs, 34.
Services maritimes, 55.
Services religieux, 21.
Sociétés locales, 24.
Table des monnaies, 36.
Tarifs et abonnements, 10.
Théâtre, 19.
Vermout, 40.
Voitures de place et commissionnaires, 35.

LE CHOCOLAT MENIER

SE VEND PARTOUT.

EXIGER

Le NOM et les MARQUES

DE

FABRIQUE.